AF145030

DEUTSCHE VERFASSUNGS- UND RECHTSGESCHICHTE

– Das notwendige Wissen im Grundlagenfach –

Band der Ergebnisse

(strafrechtlich
– bis 1871 bzw. 1879 –,
öffentlich-rechtlich)

von

Assessor jur. Arnold Kirsch

FSC
www.fsc.org
MIX
Papier aus ver-
antwortungsvollen
Quellen
Paper from
responsible sources
FSC® C105338

Herstellung und Verlag:
BoD - Books on Demand, Norderstedt

ISBN 978-3-7392-5814-0

Vorwort

Mein dreibändiges Wahlfachskriptum „Deutsche Verfassungs- und Rechtsgeschichte"
beabsichtigt, den Nachteil der gängigen Anbindung an das Zivilrecht auszugleichen.
Das legt den Hauptuntersuchungsgegenstand fest:

(1) die Geschichte des Strafrechts und des Strafverfahrensrechts sowie

(2) des öffentlichen Rechts i.V.m.

(3) der Verfassungsgeschichte seit 1945 (schon in Band III, 1. Auflage, enthalten).

Zu (1): Die Geschichte des Strafrechts und des Strafverfahrensrechts bis 1871 bzw.
1879: im 1. Abschnitt ⇨ Band I und Band II. Vorteil der rechtshistorischen Erläuterung der StPO: im 2. Abschnitt ⇨ Band III[1] [2].

Zu (2): Die Kerngebiete des öffentlichen Rechts sind das Staats- und Verfassungsrecht sowie das Verwaltungsrecht, ferner gehören das Völkerrecht und das Europarecht dazu. Die zweite Hälfte des Grundgesetzes nimmt in der juristischen Ausbildungsliteratur einen erheblich geringeren Raum ein als die erste Hälfte[3]. Im 3. Abschnitt wiederholen wir das Wesentliche des Ergänzungsbandes aus dem Jahre 2012, der zur Anschaffung empfohlen wird. Im Vorwort eine Übersicht über den Inhalt.

- Verfassungsprozessrecht:
  * § 13 Nr. 1-4 BVerfGG;
  * Organstreitverfahren;
  * Abstrakte Normenkontrollen;
  * § 13 Nr. 6 a, b BVerfGG;
  * Föderative Streitigkeiten;
  * § 13 Nr. 9 BVerfGG;
  * Verfassungsbeschwerden;
  * Konkrete Normenkontrollen;
  * § 13 Nr. 11a-15 BVerfGG und § 32 BVerfGG.
- Wissenswertes über die Allgemeinen Grundrechtslehren:
  * Geschichte der Grundrechte;
  * Jellinek und die Grundrechte;
  * Carl Schmitt und die Instituts- oder Einrichtungsgarantien;
  * Grundrechtsbindung des Staates bei privatrechtlichem Handeln;
  * Grundrechtsverzicht;
  * Grundrechte und grundrechtsgleiche Rechte, Freiheits- und Gleichheitsrechte;
  * Problematik der Drittwirkung.

---

[1] Inhaltsübersicht bezüglich Bd. I und Bd. II auf S. 5

[2] Zu Bd. III siehe S. 6

[3] Vgl. z.B. den Grundkurs von Sodan/Ziekow

- Eine vollständige Kommentierung der Art. 1-12 Grundgesetz.
- Übersichten und Verweisungen zu Art. 12 a - 19 Grundgesetz.
- Drei Schritte bei Freiheitsrechten.

Danach bestimmt Art. 20 I Grundgesetz:

> Die Bundesrepublik
> Deutschland ist ein
> demokratischer und
> sozialer Bundesstaat.

Diese Staatsstrukturprinzipien – genau wie das in Art. 20 I Grundgesetz nicht erwähnte Rechtsstaatsprinzip – sind jedoch schwer zu interpretieren, so dass der Einstieg über Art. 38-61 Grundgesetz einfacher erscheint. Deshalb werden im 4. Abschnitt Art. 20-61 Grundgesetz zusammen erläutert.

Auf Art. 38 ff. Grundgesetz folgt das

Demokratieprinzip,

das Pendant zu den Bundestagsvorschriften. Die Bundesratsvorschriften, Art. 50 ff. Grundgesetz, werden direkt nach dem

Bundesstaatsprinzip

erklärt, denn die Bundesstaatlichkeit ist die Voraussetzung. Art. 23-26 Grundgesetz, auf die ich Bezug nehme, lassen sich klar abgrenzen, die Zuständigkeiten des Bundespräsidenten sind dagegen nicht alle in Art. 54 ff. Grundgesetz aufgelistet. Es folgt in der Ausarbeitung des

Rechtsstaatsprinzips

> (4. Abschnitt, VII.)
> * Gesetzliche Verankerung;
> * Grundsatz der Gewaltenteilung;
> * Grundsatz der Gesetzmäßigkeit der Verwaltung (Gesetzesvorrang und Gesetzesvorbehalt).
> * Die weiteren Folgerungen aus dem Rechtsstaatsprinzip[1] behandele ich im Vorwort.

(1) Prozessuale Grundrechte,
  - Art. 101 I 2 Grundgesetz: Niemand darf seinem gesetzlichen Richter entzogen werden.
  - Art. 103 I Grundgesetz: Vor Gericht hat jedermann Anspruch auf rechtliches Gehör.
  - Art. 103 II Grundgesetz: Eine Tat kann nur bestraft werden, wenn die Strafbarkeit gesetzlich bestimmt war, bevor die Tat begangen wurde[2].
  - Art. 103 III Grundgesetz: Niemand darf wegen derselben Tat auf Grund der allgemeinen Strafgesetze mehrmals bestraft werden ("ne bis in idem")[3].

---

[1] Kloepfer, Bd. I, S. 342; 302

[2] Vgl. Bd. III (2. Auflage), Die Entwicklung des Strafrechts und des Strafverfahrensrechts zu dem gleichlautenden § 1 StGB

[3] Vgl. Bd. III (2. Auflage), Die Entwicklung des Strafrechts und des Strafverfahrensrechts zu §§ 151-157 StPO

- Art. 104 ist i.V.m. Art. 2 II 2 Grundgesetz zu sehen, denn Art. 104 I 1 Grundgesetz bestimmt: Die Freiheit der Person kann nur auf Grund eines förmlichen Gesetzes und nur unter Beachtung der darin vorgeschriebenen Formen beschränkt werden. Abs. 2-4 stellen zusätzliche Rechtsgarantien für den Unterfall der Freiheitsentziehung auf.

(2) Staatshaftungsrecht,
zum Verwaltungsrecht gehörend[1], siehe Ende des Vorworts.

(3) Art. 1-19 IV Grundgesetz,
Grundsatz der Verhältnismäßigkeit. Siehe Ergänzungsband aus dem Jahre 2012, zum Grundsatz der Verhältnismäßigkeit dort auf S. 34.

(4) Rückwirkende Gesetze,
siehe Art. 103 II Grundgesetz und Hebeler, S. 111 ff.!

(5) Rechtsklarheit (Bestimmtheit).

Nach der Vorstellung des Demokratie-, des Bundesstaats- und des Rechtsstaatsprinzips möchte ich die Besprechung des Art. 20 Grundgesetz im Vorwort abschließen.

- Unser Staat ist eine Republik, denn der Bundespräsident als Staatsoberhaupt wird auf bestimmte Zeit gewählt (vgl. Art. 54, 61 Grundgesetz).

- Das Sozialstaatsgebot richtet sich in erster Linie an den Gesetzgeber. Deshalb lassen sich unmittelbare Leistungsansprüche des Bürgers in der Regel aus ihm nicht herleiten[2].
  Als Ausnahme anerkannt ist das Recht auf das Existenzminimum (in Verbindung mit Art. 1 I, 6 I Grundgesetz[3]), das "im Wesentlichen" durch SGB II und SGB XII garantiert wird[4]. Ferner kann das Sozialstaatsprinzip in Verbindung mit Art. 12 I, 3 I Grundgesetz bedeutsam werden, zum Beispiel bei Ansprüchen auf Ausschöpfung der "vorhandenen Kapazität" bei zulassungsbeschränkten Studiengängen[5]. Die Gewährung von Leistungen kann mit Auflagen verbunden werden[6].

- Zurzeit ohne praktischen Anwendungsbereich[7]: Art. 20 IV Grundgesetz, 1968 im Rahmen der Notstandsverfassung in das Grundgesetz eingefügt[8].

* * *

---

[1] Schwerdtfeger, S. 6

[2] Kloepfer, Bd. I, S. 368, 374

[3] Gröpl/Windthorst/v. Coelln, Art. 20, Rdnr. 253

[4] Winkler, S. 49

[5] Gröpl/Windthorst/v. Coelln, Art. 20 Rdnr. 253

[6] Maurer, Staatsrecht I, S. 238

[7] Kloepfer, Bd. II, S. 625-628; vgl. schon Bd. III (2. Auflage), Die Entwicklung des Strafrechts und des Strafverfahrensrechts – Vorsätzliches Begehungsdelikt (Übersicht über die Rechtfertigungsgründe)

[8] Kloepfer, Bd. II, S. 623; vgl. Bd. III (2. Auflage), Verfassungsgeschichte der Bundesrepublik Deutschland während der deutschen Teilung – Die Zeit bis zum Beitritt der DDR (Die Notstandsverfassung)

Anmerkungen

1. Band III ist jetzt abgeschlossen. Er enthält den Strafrecht AT und die StPO sowie in den beiden Ergänzungsbänden wesentliche Gebiete des öffentlichen Rechts.

2. Über das Staatsorganisationsrecht (als besonders schwieriges Rechtsgebiet) habe ich im Vorwort schon eine Übersicht gegeben. Jedenfalls noch erklärungsbedürftig sind die Vorschriften über die Bundesregierung (Art. 62-69 Grundgesetz), die ich (zunächst) dem Selbststudium überlasse.

3. Mit dem Ergänzungsband aus dem Jahre 2014 möchte ich bei der Bearbeitung eines verwaltungsrechtlichen Falles behilflich sein.
   (1) Gelingt damit der Einstieg in den Fall?
   (2) Stellen sich grundsätzliche (im Ergänzungsband behandelte) Probleme?
   Die im Ergänzungsband ausgegrenzten Fragen (S. 31-33) überlasse ich ebenfalls (zunächst) dem Selbststudium.

4. Das Lehrbuch von Ossenbühl/Cornils behandelt umfassend das Staatshaftungsrecht. Einen guten Überblick über die Anspruchsgrundlagen gibt Sauer, JuS 2012, S. 695 ff., S. 800 ff.[1]

Kiel, im Juli 2015

---

[1] Staatshaftungsrecht ist richterlich ausgestaltet, im Grundgesetz in Art. 34 und Art. 14 erweitert. Vgl. des Weiteren Art. 74 I Nr. 25 Grundgesetz mit der Kommentierung des Studienkommentars (siehe Literaturverzeichnis, S. IX).

Inhaltsverzeichnis

Literaturverzeichnis

I.   Der Arbeit zu Grunde liegende Bücher

Beyer	, Horst und Annelies, Sprichwörterlexikon, 6. Auflage, Leipzig 1990
Dreier/Wittreck	, Horst Dreier und Fabian Wittreck (Herausgeber), Grundgesetz, 4. Auflage, Tübingen 2009
Gröpl/Windthorst/v. Coelln	, Christoph Gröpl, Kay Windthorst und Christian von Coelln, Grundgesetz, Studienkommentar, München 2013
Hebeler	, Timo, 40 Probleme aus dem Staatsrecht, 3. Auflage, Köln, München 2011
Kloepfer	, Michael, Verfassungsrecht,
(zit.: Kloepfer, Bd. I)	Band I, Grundlagen, Staatsorganisationsrecht, Bezüge zum Völker- und Europarecht, München 2011
(zit.: Kloepfer, Bd. II)	Band II, Grundrechte, München 2010
Maurer	, Hartmut,
(zit.: Maurer, Staatsrecht I)	Staatsrecht I, 6. Auflage, München 2010
Model/Creifelds	, Otto Model und Carl Creifelds, Staatsbürger-Taschenbuch, 33. Auflage, München 2012
Schwerdtfeger	, Gunther, Öffentliches Recht in der Fallbearbeitung, 13. Auflage, München 2008 (fortgeführt von Schwerdtfeger, Angela, in der zitierten 14. Auflage, München 2012)
Sodan/Ziekow	, Helge Sodan und Jan Ziekow, Grundkurs Öffentliches Recht, 6. Auflage, München 2014
Winkler	, Daniela, Staatsrecht I, Staatsorganisationsrecht, 2. Auflage, München 2013

II.   Aufsätze zum 4. Abschnitt, I./II.

Labrenz   , Christoph,
                                Die Wahlpflicht ist unbeliebt, aber nicht unzulässig,
                                ZRP 2011, S. 214 ff.

Pieroth   , Bodo,
                                Das Demokratieprinzip des Grundgesetzes, JuS
                                2010, S. 473 ff.

Voßkuhle/Kaufhold   , Andreas Voßkuhle und Ann-Katrin Kaufhold,
                                Grundwissen – Öffentliches Recht: Die
                                Wahlrechtsgrundsätze, JuS 2013, S. 1078 ff.

III.   Aufsätze zum 4. Abschnitt, III.-VI.

Blanke   , Hermann-Josef,
                                Der Bundesrat im Verfassungsgefüge des
                                Grundgesetzes, Jura 1995, S. 57 ff.

Kunig, Philip   , Der Bundespräsident, Jura 1994, S. 217 ff.

Voßkuhle/Kaufhold   , Andreas Voßkuhle und Ann-Katrin Kaufhold,
                                Grundwissen – Öffentliches Recht: Das
                                Bundesstaatsprinzip, JuS 2010, S. 873 ff.

Voßkuhle/Kaufhold   , Andreas Voßkuhle und Ann-Katrin Kaufhold,
                                Grundwissen – Öffentliches Recht: Offene
                                Staatlichkeit, JuS 2013, S. 309 ff.

IV.   Aufsätze zum 4. Abschnitt, VII.

Görisch   , Christoph,
                                Die Inhalte des Rechtsstaatsprinzips, JuS 1997, S.
                                988 ff.

Voßkuhle/Kaufhold   , Andreas Voßkuhle und Ann-Katrin Kaufhold,
                                Grundwissen – Öffentliches Recht: Das
                                Rechtsstaatsprinzip, JuS 2010, S. 116 ff.

Voßkuhle/Kaufhold   , Andreas Voßkuhle und Ann-Katrin Kaufhold,
                                Grundwissen – Öffentliches Recht: Der Grundsatz
                                der Gewaltenteilung, JuS 2012, S. 314 ff.

Wrege , Wolf Reinhard,
Das System der Gewaltenteilung im Grundgesetz,
Jura 1996, S. 436 ff.

V. Ergänzende Literatur

dtv , – Lexikon in 20 Bänden, München 1999

Abkürzungsverzeichnis

Abs.	Absatz
Art.	Artikel
Ausn.	Ausnahme
AöR	Archiv des öffentlichen Rechts
AT	Allgemeiner Teil
Bd.	Band
bestr.	bestritten
betr.	betreffend
BGB	Bürgerliches Gesetzbuch
BVerfG	Bundesverfassungsgericht(s)
BVerfGE	Entscheidungen des Bundesverfassungsgerichts
BVerfGG	Bundesverfassungsgerichtsgesetz
bzw.	beziehungsweise
ca.	circa
d.h.	das heißt
DDR	Deutsche Demokratische Republik
EU	Europäische Union
f., ff.	folgende Seite(n)
Fn.	Fußnote
G	Gesetz
GG	Grundgesetz für die Bundesrepublik Deutschland
GO-BT	Geschäftsordnung des Deutschen Bundestages
GO-BR	Geschäftsordnung des Bundesrates
h.M.	herrschende Meinung

h.L.	herrschende Lehre
i.S.(d.)	im Sinne (des)
i.V.m.	in Verbindung mit
Jura	Juristische Ausbildung
JuS	Juristische Schulung
m.w.N.	mit weiteren Nachweisen
Nr.	Nummer
n. Chr.	nach Christus
PUAG	Untersuchungsausschussgesetz
Rdnr.	Randnummer(n)
RGZ	Entscheidungen des Reichsgerichts in Zivilsachen
RGBl.	Reichsgesetzblatt
RStGB	Strafgesetzbuch für das Deutsche Reich vom 15.5.1871
S.	Seite
sog.	sogenannt
StPO	Strafprozessordnung
StGB	Strafgesetzbuch
SGB	Sozialgesetzbuch
u.a.	unter anderem
vgl.	vergleiche
v.	von
v. Chr.	vor Christus
WRV	Weimarer Reichsverfassung

z.B.	zum Beispiel
zit.	zitiert
ZRP	Zeitschrift für Rechtspolitik
z.T.	zum Teil

1. Abschnitt: „Strafrechtsgeschichte"[1]

I. Die rechtsgeschichtlichen Grundstrukturen

1. Ca. 100 v. Chr. - ca. 500 n. Chr.
2. Ca. 500 - ca. 900 (Frühmittelalter)
3. Ca. 900 - 1200, vielfach noch bis zum Ende des Interregnums, 1273 (Hochmittelalter)

Erläutern Sie die germanische Zeit (Bd. I, 1. Abschnitt, III.) an Hand der folgenden Stichwörter:

- Tacitus („Germania");
- Völkerwanderung;
- Chlodwig;
- germanische Völkerschaften („civitates");
- Volksversammlung („concilium");
- Fehde und Sühnegeld;
- „warc";
- Moorleichen.

In der fränkischen Zeit oder dem Frühmittelalter entstanden die Volksrechte, leges Barbarorum (Bd. I, 6. Abschnitt, I.). Die Rechtsfindung lag bei den Urteilern, deren Urteilsvorschlag der Richter lediglich verkündete. Zustimmung („Vollwort") des sog. Umstandes, d.h. der freien Männer des Gerichtssprengels. Der Urteilsinhalt war davon abhängig, ob der Angeklagte geständig war oder nicht. Eideshelfer (für die Glaubwürdigkeit), Gottesurteile (Ordale). Fränkische Prozessregeln (Bd. I, S. 58[2]). Es konkurrierten das Gericht des Grafen, der Grundherren und des Königs (z.B. bei Urteilsschelte, Evokation). Karl der Große führte die Schöffenverfassung ein; man unterschied jetzt – nach der Bedeutung der Sache – echte und gebotene Thinge (Bd. I, S. 32). Ergänzende Stichwörter zu den Volksrechten (Bd. I, S. 53-63):

- Personalitätsprinzip;
- Malbergische Glossen;
- Bußgeldkataloge;
- Wergeld (vir = Mann);
- Erfolgshaftung;
- salisches Thronfolgeprinzip;
- keine verfassungs- und verwaltungsrechtlichen Regelungen.

Sprichwort:

Wo kein Kläger ist, da ist auch kein Richter[3].

---

[1] Bis zum RStGB 1871 (Bd. II, S. 39-45) und zur StPO von 1877 als Teil der Reichsjustizgesetze, die 1879 in Kraft traten (Bd. II, S. 47 f.)

[2] Auf S. 58 (7. Zeile von unten) muss es heißen: Gegensatz zur Dispositions- ist die Offizialmaxime, ...

[3] Beyer, S. 472

Im Hochmittelalter galten die Volksrechte zunächst weiter[1]. Das Lehenrecht (vgl. Bd. I, 6. Abschnitt, II.) war voll entwickelt und erlebte unter dem Staufer Friedrich I. Barbarossa seine Hochkultur. Im 12. Jahrhundert entstanden neue Städte und mit ihnen die Stadtrechte (siehe Bd. I, 6. Abschnitt, IV.).
Sprichwort:
Stadtluft macht frei[2].

---

[1] Vgl. Bd. I, S. 2 m.w.N.
[2] Beyer, S. 9

II. Strafrecht und Strafverfahrensrecht (vom 12. Jahrhundert bis 1871 bzw. 1879)[1]

1. Landfriedensgesetze, Carolina

Straf- und Zivilprozess trennten sich durch die Landfriedensgesetze des 12. und 13. Jahrhunderts (Bd. I, 6. Abschnitt, V.). Es entstand überall ein neues formelles und materielles Strafrecht, das die „Carolina" (Bd. I, 7. Abschnitt, VIII.) verfeinerte, aber nicht wesentlich milderte. Die Carolina hatte dabei den Charakter einer Strafprozessordnung, in die mitten hinein ein Strafgesetzbuch eingeschaltet war. Ihrer Salvatorischen Klausel – Subsidiarität gegenüber dem Landesrecht – kam in der Praxis geringe Bedeutung zu.

2. Reformen in der Aufklärung

Zu Reformen des Straf- und des Strafverfahrensrechts kam es, meistens in einem Gesetzestext, unter Einfluss der Aufklärung:
- in Bayern 1751 im Codex iuris criminalis bavarici und 1813 im Bayerischen Strafgesetzbuch Feuerbachs;
- in Österreich 1768 in der „Theresiana" und 1787 in der „Josephina"[2];
- in Preußen 1794 im strafrechtlichen Teil des „Allgemeinen Landrechts[3];
- im Rheinland durch die Gesetzgebung Napoleons[4].

Die humanere Strafgesetzgebung beseitigte die Folter (1740 in Preußen, 1776 in Österreich und 1806 in Bayern) und die Leibesstrafen und stellt mehr auf Freiheitsstrafen ab.

3. Carolina nach 1806, RStGB von 1871

Die Carolina galt – mit Abschwächungen – zunächst bis zum Ende des alten Reiches und nach 1806 subsidiär.[5] Unser Strafgesetzbuch steht als Neubekanntmachung in der Tradition des Reichsstrafgesetzbuches von 1871[6], das 1870 als StGB des Norddeutschen Bundes erlassen worden war und im Wesentlichen auf dem preußischen StGB von 1851 beruhte.

4. Strafprozessrecht bis 1879

Die Strafprozessordnung der Bundesrepublik Deutschland ist eine Neubekanntmachung der Reichsstrafprozessordnung von 1877[7], hervorgegangen aus dem zunächst als partikuläres Recht geltenden reformierten Strafprozess (Bd. II, 2. Ab-

---

1 Abgedruckt in Bd. I, 2. Auflage, S. 2 f.

2 Bd. I, S. 97 f.

3 Bd. I, S. 105

4 Bd. I, S. 106 f.

5 Vgl. Bd. I, S. 3 m.w.N.

6 Vgl. S. 1, Fn. 1

7 Vgl. S. 1, Fn. 1

schnitt, VIII.), der Mitte des 19. Jahrhunderts den Inquisitionsprozess, wie bei der Carolina (Bd. I, 7. Abschnitt, VIII.) und des Landfriedensgesetzes (Bd. I, 6. Abschnitt, V.) beschrieben, abgelöst hatte.

2. Abschnitt: Die StPO (und der Allgemeine Teil des Strafgesetzbuches)

I. Die Basis: Band I und Band II

Die rechtsgeschichtlichen Grundstrukturen berücksichtigen den Bd. I bis zum 6. Abschnitt, IV.; die weitere Ausarbeitung im 1. Abschnitt dieses Buches betrifft die Trennung von Straf- und Zivilprozess bis 1871 bzw. 1879. Dann trat die StPO von 1877 als Teil der Reichsjustizgesetze in Kraft (Bd. II, S. 47 f.).

Band I vermittelt die Grundlagen!
- Antike griechische, römische, germanische Rechtsgeschichte, Staatstheoretiker und -praktiker;
- Frankenreich, Reich der Ottonen und Salier, Reich der Staufer sowie Kirchengeschichte;
- Recht im Früh- und Hochmittelalter;
- Verfassungs- und Rechtsgeschichte des Spätmittelalters und der frühen Neuzeit (u.a. Goldene Bulle, Reichskammergerichtsordnung, Carolina, Entstehung der öffentlichen Verwaltung und des Staats- und Verfassungsrechts).

Die Abschnitte
- Brandenburg-Preußen sowie
- Französiche Revolution und Napoleon

leiten zu Band II über.

Band II gliedert sich in die Abschnitte Wiener Kongress, Deutscher Bund, Norddeutscher Bund, Deutsches Kaiserreich, Weimarer Republik, Drittes Reich. In der 2. Auflage neu bearbeitet sind vor allem die rechtsgeschichtlichen Teile: das Reichsstrafgesetzuch (RStGB); Entstehung, Straftheorien, Reformvorschläge, Umgestaltung und Weitergeltung als StGB; das Bürgerliche Gesetzbuch (BGB) und seine Fortentwicklung; die Entstehung des Verwaltungsrechts und die Entwicklung der Verwaltungsgerichtsbarkeit.

Band I und Band II zitieren jeweils über 100 Bücher und Aufsätze und enthalten Verweisungen auf weiterführendes Schrifttum im wissenschaftlichen Apparat.

**II.   Die StPO: enthalten in Bd. III, u.a. mit dem kontrovers diskutierten Allge-
     meinen Teil des Strafgesetzbuches**

Insbesondere die Probleme der StPO lassen sich rechtsgeschichtlich leichter lösen
(Ergebnis meines dritten Bandes).

3. Abschnitt: **Zusammenstellung wichtiger Probleme, betr. den Ergänzungsband aus dem Jahre 2012**

I. **Einführung, Verfassungsprozessrecht, Allgemeine Grundrechtslehre**

S. III

Die Kerngebiete des öffentlichen Rechts sind das Staats- und Verfassungsrecht sowie das Verwaltungsrecht. Ferner gehören das Völkerrecht und das Europarecht
dazu.

S. 16 (Bd. III)
Identitätstheorie (BVerfGE 36, 1 (15 f.) m.w.N.)

S. III (2012)
Unsere Verfassung heißt Grundgesetz. Der Name geht auf Max Brauer (von 1946-
1953 und von 1957-1960 Erster Bürgermeister von Hamburg) zurück.

S. III (2012)
Das Staatsrecht umfasst (im Unterschied zum Verfassungsrecht) auch Gesetze au-
ßerhalb des Grundgesetzes (z.B. das Bundeswahlgesetz).

S. III (2012)
Der Staatsbegriff setzt nach der klassischen „Drei-Elemente-Lehre" Georg Jellineks
ein Staatsvolk, ein Staatsgebiet und eine eigene Staatsgewalt voraus.

* * *

S. 1 (2012)
Das Bundesverfassungsgericht ist nach Art. 92 GG ein Gericht und nach § 1
BVerfGG auch ein Verfassungsorgan.

S. 2 (2012)
„Andere Beteiligte" im Organstreitverfahren sind nach h.M. auch die politischen Par-
teien (BVerfGE 1, 208 (226)).

S. 2 (2012)
Eine Bundestagsfraktion kann im Organstreitverfahren eine Verletzung der Rechte
des Bundestages durch die Bundesregierung geltend machen (BVerfGE 68, 1 (65)
m.w.N.).

S. 1, 4 (2012)
Art. 93 I GG bestimmt in Nr. 3 und 4 die föderativen Streitigkeiten. Die föderativen
Streitigkeiten sind die Urgesteine der deutschen Verfassungsgerichtsbarkeit.

S.5 (2012)

Durch das Gesetz vom 29.1.1969 wurden Art. 93 I Nr. 4a und b im Rahmen der Not-standsverfassung in das Grundgesetz eingefügt. Vorher waren die Verfassungsbe-schwerden im BVerfGG geregelt.

S. 6, 37 (2012)

Bei den Verfassungsbeschwerden müssen (neben den gesetzlichen Voraussetzun-gen) die Selbstbetroffenheit, die gegenwärtige und und die unmittelbare Betroffen-heit festgestellt werden (d.h. auch bei Art. 93 I Nr. 4b GG).

Betr. Richterliches Prüfungsrecht

Die abstrakte Normenkontrolle ist im Grundgesetz in Art. 93 I Nr. 2, die konkrete Normenkontrolle (Richtervorlage) in Art. 100 I GG geregelt. Rechtshistorisch bedeut-sam: RGZ 111, 320 ff. aus dem Jahre 1925. Das Reichsgericht hat die Verfassungs-mäßigkeit eines Reichsgesetzes nachgeprüft, im Ergebnis aber eine Verfassungs-widrigkeit verneint.

* * *

S. 11 (2012)

Die moderne Gesichte der Grundrechte begann in Nordamerika (Bill of Rights von Virginia, 1776) und Frankreich (1789).

S. 11 (2012)

Grundrechte sind in erster Linie Abwehrrechte des Einzelnen gegen den Staat (nach Georg Jellinek status negativus). Ansprüche auf Leistung (bei Freiheitsrechten die Ausnahme) nennt Jellinek status positivus.

S. 12 (2012)

Die Lehre von der Instituts- oder Einrichtungsgarantie geht auf die Weimarer Zeit und Carl Schmitt zurück.

S. 13 (2012)

Die Grundrechte gelten grundsätzlich nicht in Rechtsbeziehungen zwischen Privat-personen. Die h.L. Begründet das mit Art. 1 III, 9 III 2 GG (siehe Annette Guckelber-ger, Die Drittwirkung der Grundrechte, JuS 2003, S. 1151 ff.). Der Grundrechtsab-schnitt versteht sich aber als objektive Wertordnung (BVerfGE 7, 198 ff. = Lüth-Ur-teil), woraus sich die mittelbare Drittwirkung der Grundrechte ergibt (bei der Ausle-gung der Generalklauseln und der unbestimmten Rechtsbegriffe des BGB).

II. Art. 1-12 GG

S. 14 (2012)
Zur „Objektformel" siehe Günter Dürig. Der Grundrechtssatz von der Menschenwürde, AöR 81 (1956), S. 117 (127 f.).

S. 16 (2012)
Nach der Persönlichkeitskerntheorie fällt z.B. das Füttern von Tauben (vgl. BVerfGE 54, 143 ff.) und das Reiten im Walde (vgl. BVerfGE 80, 137 ff.) nicht in den Schutzbereich des Art. 2 I GG.

S. 16 f. (2012)
Neben der allgemeinen Handlungsfreiheit des Einzelnen schützt Art. 2 I GG das allgemeine Persönlichkeitsrecht (i.V.m. Art. 1 I GG), bei der die Sphärentheorie des Bundesverfassungsgerichts gilt.

S. 17 (2012)
Lex specialis zum allgemeinen Persönlichkeitsrecht ist das Recht auf informationelle Selbstbestimmung (beruhend auf einem Gutachten im Auftrag des Bundesministers des Inneren aus dem Jahre 1972).

S. 17 (2012)
Das Grundgesetz ist die erste deutsche Verfassung, in der das Recht auf Leben und körperliche Unversehrtheit garantiert wird (Art. 2 II 1 GG). Der Schutz des Lebens beginnt wegen der extrakorporalen Befruchtung mit der h.M. bereits mit der Verschmelzung von Ei und Samenzelle.

* * *

S. 18 (2012)
Es darf nicht durch einen Träger der Staatsgewalt Gleiches ungleich und wesentlich Ungleiches gleich behandelt werden, ohne dass sich ein vernünftiger, aus der Sache ergebender oder sonst wie ein sachlicher Grund finden lässt. Diese Definition der Willkür geht auf Gerhard Leibholz, Die Gleichheit vor dem Gesetz (1925), S. 72, 87 zurück.

S. 19 (2012)
Nach h.M. gibt es keine „Gleichheit im Unrecht". Es gilt das Prinzip der Gesetzmäßigkeit der Verwaltung (Art. 20 III GG).

S. 54 (Bd. III, 2. Auflage)
Männer und Frauen sind gleichberechtigt (Art. 3 II 1 GG). Der Stichentscheid des Vaters wurde durch BVerfGE 10, 59 ff. für nichtig erklärt.

S. 19 (2012)

Art. 3 II 2 und Art. 3 III 2 GG wurden 1994 angefügt.

* * *

S. 19 (2012)

Seit dem 1.7.2011 ist die Wehrpflicht ausgesetzt (vgl. dazu das eigenständige Grundrecht des Art. 4 III).

S. 21 (2012)

Die Meinungsfreiheit war schon in Art. 118 WRV geschützt, die Aufnahme der Informationsfreiheit in das Grundgesetz ist eine Reaktion auf das Dritte Reich. Nach ständiger Rechtsprechung des Bundesverfassungsgerichts werden bewusst oder erwiesen unwahre Tatsachenbehauptungen vom Schutz der Meinungsfreiheit nicht umfasst.

S. 22, 38 (2012)

Bei der Kunstfreiheit – und auch bei der Wissenschaftsfreiheit – lassen sich Werkbereich und Wirkbereich, d.h. Darbietung und Verbreitung unterscheiden (zurückgehend auf Friedrich Müller, Freiheit der Kunst als Problem der Grundsrechtsdogmatik (1969), S. 99).

* * *

S. 24-26 (2012)

Bei Art. 8 GG sind Versammlungen in geschlossenen Räumen von Versammlungen unter freiem Himmel (die ein höheres Gefahrenpotential aufweisen, so dass sie durch Gesetz oder auf Grund eines Gesetzes einschränkbar sind) zu unterscheiden. Abgrenzungskriterium ist die seitliche Umschlossenheit, nicht die Überdachung. Nähere Regelungen enthält das VersammlG (Sartorius I, Verfassungs- und Verwaltungsgesetze (Textsammlung), Nr. 435).

S. 26 (2012)

Art. 9 I GG schützt auch die Freiheit, einem Verein oder einer Gesellschaft fernzubleiben (negative Vereinigungsfreiheit).

S. 26 (2012)

Die Zwangsmitgliedschaft in einer öffentlich-rechtlichen Vereinigung misst das Bundesverfassungsgericht an Art. 2 I GG (BVerfGE 10, 89 ff.).

S. 27 (2012)

Art. 9 II findet auf
Art. 9 III GG keine Anwendung (vgl. Art. 5 II GG).

S. 27 (2012)

Die Koalitionsfreiheit ist ein Spezialfall der Vereinigungsfreiheit, wobei Vereinigungen zur Wahrung und Förderung der Arbeits- und Wirtschaftsbedingungen als Koalitionen bezeichnet werden.

* * *

S. 28 (2012)

Das Brief-, Post- und Fernmeldegeheimnis lassen sich nicht streng voneinander trennen.

S. 28 (2012)

Die Ausreisefreiheit wird nicht durch Art. 11 I GG, sondern durch Art. 2 I GG geschützt (BVerfGE 6, 32 ff. = Elfes-Urteil).

S. 29 (2012)

Beruf i.S.d. Art. 12 I GG kann nur eine Tätigkeit sein, die auf eine gewisse Dauer angelegt ist und der Schaffung und Erhaltung einer Lebensgrundlage dient. Art. 12 I 2 GG erfasst auch die Berufswahl sowie die Rechte auf freie Wahl des Arbeitsplatzes und der Ausbildungsstätte. Die Differenzierung erfolgt mit Hilfe der Drei-Stufen-Theorie (BVerfGE 7, 377 ff. = Apotheken-Urteil).

III.   Art. 12a-19 GG (Übersichten und Verweisungen); drei Schritte bei Freiheitsrechten

S. 31 (2012)

Die heutigen Abs. 3-6 des Art. 13 GG wurden im Rahmen des Großen Lauschangriffs 1998 eingefügt.

Zwischen Art. 14 und 15 GG besteht ein Zusammenhang (Model/Creifelds, S. 195).

Zu Art. 14 GG siehe S. VI, Fn. 1.

S. 31 (2012)

Art. 16 a I GG war früher im Art. 16 GG enthalten.

S. 32 (2012)

Art. 19 I 2 GG gilt gemäß dem Wortlaut nur da, wo ein Grundrecht durch Gesetz oder auf Grund eines Gesetzes „eingeschränkt" werden kann, also z.B. nicht bei Art. 2 I, 5 II, 12 I GG.

S. 32 (2012)

Art. 19 II GG ist bloß Ausdruck des Grundsatzes der Verhältnismäßigkeit (bestr.).

S. 32 (2012)

Unter die „öffentliche Gewalt" i.S.d. Art. 19 IV 1 GG fällt nach h.M. nur die vollziehende Gewalt.

S. 34 f. (2012)

Die Drei-Schritt-Prüfung der Freiheitsrechte geht u.a. auf Pieroth/Schlink zurück (Hebeler, S. 21).

4. Abschnitt: Art. 20-61 GG

I. Der Bundestag, Art. 38 ff. GG

Art. 38 I 1 GG bestimmt:

Die Abgeordneten des Deutschen Bundestages werden in
- allgemeiner,
- unmittelbarer,
- freier,
- gleicher und
- geheimer

Wahl gewählt.

Zu diesen Wahlrechtsgrundsätzen siehe das Grundwissen im öffentlichen Recht von Voßkuhle/Kaufhold, JuS 2013, S. 1078 ff.; rechtshistorisch bedeutsam ist die Einführung des Frauenwahlrechts im Jahre 1918[1]. Über das Wahlsystem, eine Wahlpflicht[2] sowie die 5 %-Sperrklausel wird immer wieder diskutiert.

* * *

Gemäß Art. 38 I 2 GG sind die Abgeordneten Vertreter des ganzen Volkes, an Auf-
träge und Weisungen nicht gebunden und nur ihrem Gewissen unterwor-
fen.

Das freie Mandat steht im Gegensatz zum imperativen Mandat, wobei zu Art. 21 I GG ein Spannungsverhältnis besteht. Deshalb ist Fraktionszwang unzulässig (im Gegensatz zur Fraktionsdisziplin, Abgrenzungsproblem). Jedenfalls folgt aus dem Verlust der Mitgliedschaft in der Fraktion (genau wie der in der Partei) kein Mandats-
verlust[3] [4].

* * *

Art. 39 I 1 GG lautet:

Der Bundestag wird
vorbehaltlich der nachfolgenden Bestimmungen
auf vier Jahre gewählt,

so dass eine Verfassungsänderung für die jeweils laufende Wahlperiode nicht in Be-
tracht kommt[5]. Ein Selbstauflösungsrecht des Bundestags besteht nicht. Eine Auflö-
sung des Bundestages ist nur unter den Voraussetzungen des Art. 63 IV 3 und 68 zulässig[6]. Eng verbunden mit der Wahlperiode: der Grundsatz der Diskontinuität, der

---

[1] Vgl. Bd. II, Die Weimarer Republik − Die Zeit des Übergangs von der Monarchie zur Republik (Die verfassunggebende Nationalversammlung)

[2] Labrenz, ZRP 2011, S. 214 ff.

[3] Maurer, Staatsrecht I, S. 402 ff.; Sodan/Ziekow, S. 122 ff.; Winkler, S. 94, 103

[4] Vgl. Dreier/Wittreck zu Art. 38 II GG

[5] Sodan/Ziekow, S. 118; Winkler, S. 85

[6] Maurer, Staatsrecht I, S. 401 f.; Sodan/Ziekow, S. 118 f.; Winkler, S. 86

im internen Bereich des Bundestages gilt[1]. Betroffen sind in ihrer Existenz, im Verhältnis alter/neuer Bundestag, dessen Organe, z.B. Ausschüsse und Fraktionen[2], sowie unerledigte Beschlussvorlagen (vgl. § 125 GO-BT).

* * *

Gemäß Art. 40 I GG wählt der Bundestag seinen Präsidenten, dessen Stellvertreter und die Schriftführer und gibt sich eine Geschäftsordnung.

Nach Art. 40 II GG übt der Präsident das Hausrecht und die Polizeigewalt im Gebäude des Bundestages aus; ohne Genehmigung des Präsidenten darf in den Räumen des Bundestages keine Durchsuchung oder Beschlagnahme stattfinden.

* * *

Art. 42 II 1 GG definiert die einfache oder relative Mehrheit. Daneben sind wichtig[3]: die absolute- oder „Kanzlermehrheit" (vgl. Art. 121, 63 GG) und die 2/3-Mehrheit der Mitglieder des Bundestages bei der Präsidentenanklage (Art. 61 I 3 GG) und bei Verfassungsänderungen (Art. 79 II GG).

* * *

Art. 43 I GG bestimmt: Der Bundestag und seine Ausschüsse können die Anwesenheit jedes Mitgliedes der Bundesregierung verlangen; siehe auch GO-BT. Damit sind das Zitierrecht und das Interpellationsrecht (Anfragerecht i.V.m. (mündlichen) Auskunftsrecht[4]) angesprochen.

* * *

Im Folgenden die Erläuterung der Art. 45, 45 a-d GG. Der Bundestag bestellt einen ständigen Ausschuss für die Angelegenheiten der EU, für auswärtige Angelegenheiten sowie für Verteidigung. Hilfsorgan des Bundestages ist der Wehrbeauftragte (Art. 45 b GG), daneben gibt es den ständigen Petitionsausschuss sowie das ständige Gremium zur Kontrolle der nachrichtlichen Tätigkeit des Bundes[5].

* * *

Art. 46 I GG regelt die Indemnität,
Art 46 II-IV die Immunität der Abgeordneten.

Art. 46 I GG
  - Ein Abgeordneter
  - darf zu keiner Zeit
  - wegen seiner Abstimmung oder wegen einer Äußerung, die er im Bundestage oder in einem seiner Ausschüsse getan hat,

---

[1] Maurer, Staatsrecht I, S. 400

[2] Maurer, Staatsrecht I, S. 400

[3] Vgl. Sodan/Ziekow, S. 121

[4] Vgl. die Übersicht bei Maurer, Staatsrecht I, S. 431 f.

[5] Vgl. Gröpl/Windthorst/v. Coelln, Art. 45 bis 45 d